원작 | 정브르
129만 구독자를 보유한 생물 크리에이터. 곤충과 파충류부터 바다 생물까지 다양한 생물을 소개하는 참신한 콘텐츠를 선보이며 생물 전문 크리에이터로 큰 사랑을 받고 있답니다. 유튜브 채널에서 동물 사육, 채집 등의 재미있고 유익한 영상을 소개하고 있으며, 도서와 영화를 통해 고유의 콘텐츠와 더불어 동물을 사랑하는 마음까지 대중에게 알리고 있어요.

글 | 한바리
2000년 단편 만화로 데뷔한 이후, 2006년부터 아동 만화의 콘티와 스토리를 쓰고 있어요. 어린이들이 쉽고 재미있게 읽을 수 있는 이야기를 만들기 위해 노력하고 있죠. 대표작으로 《세계 도시 보물찾기》 시리즈 등이 있답니다.

그림 | 도니패밀리
귀여운 그림과 재미있는 표정 연출이 주특기인 신재환, 정동호 두 그림 작가로 이루어진 팀이에요. 그림을 보며 즐거워하는 독자들의 모습을 상상하면 도니패밀리의 에너지는 빵빵해집니다. 재미있고 늘 생각나는 만화를 만들기 위해 즐겁게 그림을 그린답니다.

감수 | 샌드박스네트워크
대한민국을 대표하는 MCN 기업으로, 건전하고 다양한 디지털 콘텐츠를 만들기 위해 노력해요. 도티, 옐언니, 민쩌미, 뚜식이 등 유명 크리에이터가 소속되어 있어요.

1판 1쇄 발행 2023년 6월 29일   1판 2쇄 발행 2023년 9월 20일

원작 정브르
글 한바리   **그림** 도니패밀리   **감수** 샌드박스네트워크

발행인 | 심정섭   **편집인** | 안예남   **편집팀장** | 최영미   **편집자** | 손유라, 이은정
브랜드마케팅 | 김지선   **출판마케팅** | 홍성현, 김호현   **제작** | 정수호
발행처 | (주)서울문화사   **등록일** | 1988년 2월 16일   **등록번호** | 제 2-484
주소 | 서울특별시 용산구 새창로 221-19
전화 편집 | 02-799-9145   **출판마케팅** | 02-791-0708
디자인 | 김윤미

ISBN 979-11-6923-788-8
       979-11-6923-519-8 (세트)

ⓒ정브르 ⓒSANDBOX

하늘소 왕국 대소동

원작 **정브르**　글 **한바리**　그림 **도니패밀리**

서울문화사

차 례

1장 발 도장 주인의 정체를 밝혀라! ···10

사건 파일 #01

발 도장 주인의 정체를 밝혀라!

의뢰 곤충 긴수염하늘소

등장 곤충 긴수염하늘소, 큰곰보하늘소, 산각시하늘소, 노랑하늘소, 의문의 곤충들

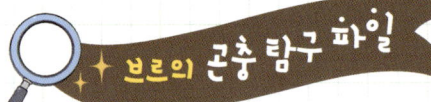

브르의 곤충 탐구 파일

신기한 먹이 사슬 ··· 74
곤충의 다양한 먹이 ··· 76

2장 천군이 남긴 수수께끼를 풀어라! ···78

사건 파일 #02
천군이 남긴 수수께끼를 풀어라!

의뢰 곤충 긴수염하늘소

등장 곤충 긴수염하늘소, 큰곰보하늘소, 산각시하늘소, 호랑하늘소, 한울

에필로그 ···136

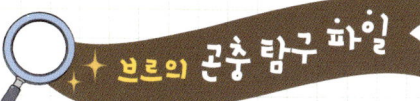

브르의 **곤충 탐구 파일**

천연기념물 곤충 ··· 140
생물의 사냥 방식 ··· 142

정답 ···144

등장인물

정브르
세상의 모든 생물을 사랑하는 진정한 생물 유튜버다. 생물에 대한 상식으로 곤충 세계에서 발생한 사건을 멋지게 해결해 탐정으로 거듭난다.

고나
자칭 베테랑 탐정인 강아지로, 무엇이든 나오는 만능 가방을 가지고 있다. 뛰어난 후각과 청각으로 미스터리한 사건 해결에 도움을 주기도 한다.

더듬이
긴수염하늘소이자 하늘소 왕국 왕실 가문의 손자다. 할아버지인 천군을 대신해 하늘소 왕국의 전설인 한울님을 찾아 왕국을 지키려 애쓴다.

곰보

큰곰보하늘소 부족장이다. 우람한 몸집으로 강한 힘을 자랑한다. 강한 영웅의 모습을 한 한울님을 동경한다.

호랑

호랑하늘소 부족장이다. 왕국을 지키는 전사가 되고자 한다. 멋진 전사의 모습을 한 한울님을 동경한다.

각시

산각시하늘소 부족장이다. 신통한 능력을 가지고 있다. 도사처럼 신통방통한 모습을 한 한울님을 동경한다.

지난 줄거리

물자라 아빠의 긴급 요청으로 가출한 딸, 밍밍을 찾아 나선 브르와 고나! 무사히 밍밍을 찾고 아빠와의 관계 회복을 도와준다. 이후 악명 높은 도둑, 괴도 맨티가 반딧불이 마을의 보물을 훔치는 것을 막으러 출동해 보물을 지킨다. 사건 해결 뒤, 인간 세계로 떠나려는 브르와 고나 앞에 하늘소 한 마리가 나타나 도움을 요청한다. 매년 영웅의 표식을 받아 산란할 나무를 정해 온 하늘소 왕국의 부족들! 그런데 부족들이 각자 다른 표식을 가져와서는 서로가 진짜라고 주장한다는데! 브르와 고나는 왕국에 벌어진 소동을 해결할 수 있을까?

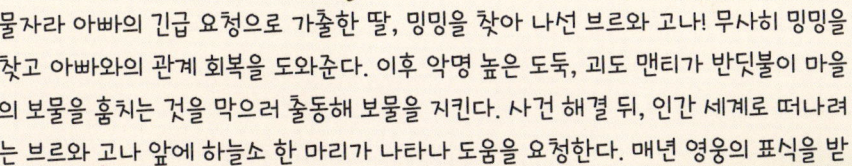

솟아오른 태양에 숲속 풀잎의 이슬이 점점 말라 갔어.
브르와 고나는 갑자기 나타난 하늘소를 따라 한참을 하늘소 왕국으로 이동하는 중이야.

반딧불이 마을에서 한숨도 못 잤던 브르와 고나는 숲속에서 풀잎을 덮고 잠시 눈을 붙였다가 다시 걷기를 반복했어.

- 저기…, 언제 하늘소 왕국에 도착하는 거야?
- 이제 곧 도착하오. 왕국에 도착하면 편히 쉴 곳을 마련해 드리리다.
- 그러고 보니 *통성명도 안 했네. 넌 이름이 뭐야?

*통성명: 처음으로 인사할 때 서로 성과 이름을 알려 줌.

긴 더듬이를 가지고 있는 긴수염하늘소의 모습이 무척 멋져 보였어.

🧒 왕국이 생각보다 멀리 있네.
🐛 우리 왕국이 다른 곤충들과 교류를 하지 않는 데다, 워낙 외진 곳에 있어서 그렇소.
👧 그런데 어떻게 우리를 찾아온 거야?
🐛 그건….

더듬이는 잠시 망설이다 입을 열었어.

🐞 우리 왕국은 무척 폐쇄적이라 왕국 밖으로 나가는 것이 금지되어 있소. 하지만 나는 어릴 적부터 왕국 밖이 궁금했소. 그래서 삼엄한 경비를 뚫고 왕국 밖으로 종종 나가 다른 곤충 친구를 사귀었소.

살금 살금

🧒 몰래 비밀 친구를 만든 거구나!

🐞 그렇소. 그 친구에게 탐정에 대한 얘기도 들은 것이오. 다만…, 왕국 밖에 몰래 나갔다는 사실을 속여 천군이신 할아버지께 죄송스러울 뿐이오.

더듬이는 쓸쓸히 고개를 숙였어.

- 할아버지가 천군이라고?
- 천군이 뭐야?
- 왕국의 부족들을 다스리며 왕국에서 모시는 영웅인 한울님께 제사를 지내는 분이오.

- 그렇다면, 혹시 네가 차기 천군인 거니?
- 그렇다고 볼 수 있소.
- 왕족으로서 어릴 적부터 천군이 될 수련을 했소이다.

이런 저런 이야기를 하다 보니 가파른 언덕 숲이 나왔어.

- 이 언덕만 넘으면 왕국이 보일 것이오.

브르와 고나는 가파르게 숨을 몰아쉬며 언덕 위로 올라갔어.
먼저 언덕 위로 올라간 더듬이가 씨익 웃으며 뒤돌아봤어.

- 드디어 우리 왕국에 도착했소이다.

🐜 하늘소 왕국은 긴수염하늘소 부족, 산각시하늘소 부족, 호랑하늘소 부족, 큰곰보하늘소 부족까지 모두 네 부족으로 이루어져 있소.

왕국으로 들어서자 나무에 붙어서 바쁘게 먹이를 먹는 하늘소들이 보였어.

🐜 더, 더듬이가 돌아왔어!

한 하늘소가 더듬이를 보고 소리치자 주변에 있던 하늘소들이 우르르 모여들기 시작했어.

🐜 같이 온 자들은 누구지? 이상하게 생겼는데?

🐜 왕국 밖에 거주하던 하늘소들인가?

하늘소들은 처음 보는 브르와 고나의 생김새에 신기해하며 수군거리기 시작했어.

- 우리는 인간 세계에서 온 곤충 탐정이라고!

고나의 말에 하늘소들의 웅성거림이 더욱 커졌어.

브르는 왕국의 하늘소들이 다른 곤충들과 교류가 전혀 없다던 더듬이의 말을 떠올렸어.

- 아무래도 여기 하늘소들은 다른 생명체를 본 적이 없어서 우리가 낯선가 봐.
- 아무리 그래도 그렇지…, 우리가 곤충인지 동물인지도 모르다니….

그때 걱정스러운 표정을 지은 하늘소가 무리를 비집고 빠져나와 더듬이에게 다가왔어.

🪲 더듬아, 곧 알을 낳을 시기인데 어서 진짜 영웅님의 표식을 받은 부족을 찾아야 하지 않을까?

🐜 걱정 마소서. 제가 훌륭한 곤충 탐정이자 인간 세계에서 온 정브르 님과 고나 님을 모셔 왔나이다.

브르와 고나에게 모두의 이목이 집중되었어.

하지만 하늘소들은 브르와 고나를 알아보기는커녕 무척 경계했어. 그 모습에 고나의 자존심이 마구 상했지.

🐜 왕국 밖의 존재를 처음 봐서 그러니 이해해 주시오. 제가 자세히 설명을….

그때 큰 몸집을 가진 하늘소 한 마리가 다급하게 날아왔어.

🐜 큰일 났다곰!

🐜 자네는 곰보하늘소 부족 아닌가? 무슨 일이오!

🐜 우리 부족장이 받아 온 한울님의 표식이 사라졌다곰!

진짜 한울님의 표식을 가져온 부족이 누군지를 가려야 하는 상황에서 도난 사건이라니!

깜짝 놀란 브르와 고나, 더듬이는 서둘러 곰보하늘소 부족의 마을로 향했어. 곰보하늘소 마을에 들어서니 입구에 나무를 깎아 만든 커다란 목상이 눈에 들어왔어.

🐾 우아! 지구를 들고 있는 것 같아. 저 목상은 누구야? 엄청 거대하다!

🦉 저분은 곰보하늘소 부족이 상상하는 한울님의 모습이다곰. 강한 턱과 거대한 덩치…, 먹이 사슬 대전에서 하늘소를 지켜 주신 진정한 영웅의 모습이다곰.

🧒 네가 곰보하늘소 부족의 족장이니?

🦉 그렇다곰! 내 이름은 '곰보'다곰! 잃어버린 표식을 찾아 주러 온 거냐곰? 그럼 따라와라곰!

곰보하늘소 족장, 곰보가 자랑스럽게 목상에 대해 소개하며 자신의 집으로 데려갔어.

곰보의 집 앞에는 마을 주민들이 잔뜩 모여 있었지.

더듬이가 곰보의 집 앞으로 다가가자 마을 주민들은 앞다투어 입을 열기 시작했어.

- 누가 한울님의 표식을 가져간 건지 찾아라곰!
- 분명 산각시나 호랑 부족 하늘소의 짓일 거다곰!

마을 주민들의 원성이 점점 커지자 더듬이가 그들을 말렸어.

- 무턱대고 다른 부족을 의심해서는 아니….
- 의심? 표식을 훔쳐 간 부족이 먼저 산란할 나무를 선택할 수 있는데 의심 안 하게 생겼냐곰?
- 어서 범인이나 찾으라곰!

그때였어! 우지직 하고 무언가 부서지는 소리가 들려오기 시작했지.

어…? 곰보네 집이 흔들리고 있잖아!

자네, 지금 무엇 하는 건가!

어느새 집에 들어간 곰보가 손에 잡히는 대로 가구를 뒤엎으며 표식을 찾아다니고 있었어.

으으으, 분하다곰! 목숨 걸고 받아 온 내 표식을…!

멈춰! 그러다간 집 안에 남은 증거가 다 없어지겠어!

증거가 뭐냐곰?

범인을 잡을 수 있는 단서를 말하는 거야. 범인의 지문이나 발자국 같은 것을 의미하지.

그렇냐곰? 그럼 어서 집에 들어가 증거인지 단서인지 찾아보라곰!

씩씩대며 밖으로 나온 곰보는 브르와 고나를 집 안으로 밀어 넣었어.

집 안으로 내동댕이쳐진 브르와 고나는 돋보기를 꺼내 들고 구석구석을 샅샅이 관찰했어.

바닥에는 모양이 다른 발자국들이 어지럽게 찍혀 있었지.

🐶 여기에 범인의 발자국이 있는 건가?

🧒 집 안에 있던 표식이 사라진 거니까. 이 발자국들이 가장 큰 단서가 되겠지.

발자국을 면밀히 관찰한 브르와 고나가 집 밖으로 나왔어.
마을 주민들은 브르와 고나를 보고 계속 수군거렸지.

🐂 저들을 믿을 수 있나곰?

🐂 얼굴도 이상하게 생겼다곰….

브르는 수군거리는 주민들의 말에 동요되지 않았어. 오히려 차분하게 곰보에게 다가갔지.

🛡️ 표식은 정확히 언제 없어진 거야?
🐛 오늘 아침이었다곰. 표식을 거실 테이블에 뒀는데, 잠시 나갔다 온 사이에 사라졌다곰….

눈을 감은 채 무언가 기억해 내려고 하던 곰보가 세 하늘소를 가리켰어.

🐛 집 안에는 엄마와 아빠, 동생이 있었다곰.

곰보의 얘기를 듣던 브르가 근처에서 나뭇잎을 뜯어 왔어.

🧔 모두 이 나뭇잎 위에 발자국을 찍어 봐.

곰보네 가족은 의아해하며 발자국을 꾹 찍었어.

발자국을 보고 골똘히 생각하던 브르는 마침내 고개를 들고 빙긋 웃었어.

🧔 누가 표식을 가져갔는지 알겠군.

🐻 뭐, 뭐라곰? 우리 가족 중에 표식을 훔쳐 간 하늘소가 있다는 거냐곰?

예상치 못한 상황에 마을 주민들은 귀를 쫑긋하며 브르의 다음 말을 기다렸어.

집에는 곰보네 가족의 발자국만 찍혀 있었어. 다른 침입자가 없다는 이야기지. 대신 발자국이 지나는 길을 보고 표식을 가져간 범인을 추측할 수 있었지.

자세히 보면 알 수 있어!

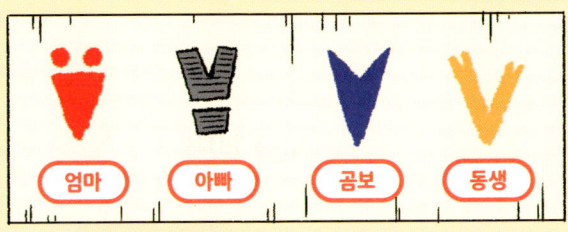

🛡️ 엄마, 아빠 그리고 곰보의 발자국은 모두 현관으로 들어와 주방이나 정원으로 나갔지. 하지만 동생의 발자국은 달라. 창문으로 들어와 거실 테이블 주변을 맴돌다가 다시 창문으로 나갔어. 왜 그런 걸까?

🦗 설마…, 표식을 훔치는 걸 들킬까 봐?

🛡️ 맞아! 표식은 어디에 있지?

브르가 안절부절못하고 서 있는 동생을 가리키며 말했어. 동생은 주저하다가 날개를 들치더니 그 안에서 표식을 꺼내 브르에게 주었어.

🦗 후, 훔치려던 게 아니다곰…. 친구들에게 한울님의 표식을 자랑하고 돌려 놓으려 했다곰!

곰보는 잠시 표정이 일그러졌지만, 이내 침착하고 동생의 팔을 잡아끌었어.

🦗 영웅에게 도둑질은 *금기다곰!

*금기: 금지되는 행동이나 말.

동생이 곰보에게 질질 끌려가는 모습을 지켜보던 마을 주민들은 안도의 한숨을 내쉬었어. 그리고 표식을 찾은 브르에게 감탄을 쏟아 냈지.

🐃 생긴 것과 달리 대단하다곰!

🐂 드디어 우리 부족의 표식이 진짜라는 것을 증명할 수 있게 되었다곰!

마을 주민들은 손뼉을 치며 기뻐했어.

브르는 곰보가 받아 왔다는 한울님의 표식을 천천히 살펴보기 시작했지.

어라? 한울님의 표식이 발자국이야?

- 그렇소. 우리는 발 도장으로 표식을 만드오.
- 발 크기가 꽤 큰데? 도대체 한울님의 정체가 뭐야?

고나의 물음에 더듬이가 난처한 표정을 지었어.

- 사실은….

할아버지 외에는 어느 누구도 한울님의 정체를 모르오.

 뭐라고?!
- 게다가 부족장들은 왕국 밖으로 나가 본 적이 없을 터인데, 어찌 한울님에게 표식을 받아 온 건지….
- 그럼 할아버지한테 어떤 부족이 진짜 한울님의 표식을 가지고 왔는지 물어보면 되는 거 아냐? 할아버지가 천군이라며!

더듬이는 주저하다가 입을 열었어.

- 천군이신 할아버지는 언제나 왕국의 일을 걱정하고 먼저 나서 왔소. 그렇게나 왕국을 위해 헌신하던 분인데…. 얼마 전 아픈 몸을 이끌고 한울님께 표식을 받으러 가다 풍랑에 휩쓸려 돌아가시고 말았소….

더듬이가 돌아가신 할아버지를 생각하며 한숨을 내쉬자, 고나와 브르가 안타까움을 드러냈어.

- 그런 일이 있었구나….
- 그래서 왕국에 소동이 생긴 거구나. 한울님의 정체를 모르기 때문에 곰보 부족의 목상이 상상 속 한울님의 모습인 거고. 부족장들이 다른 표식을 받아 왔다는 건, 각자 상상하는 한울님의 모습이 달랐나 봐?

🐜 맞소. 부족마다 한울님에 대한 전설이 다르게 내려오기 때문이오.

🐛 전설? 그게 뭔데?

🐜 하늘소 왕국이 생기기 전, 먹이 사슬 대전으로 무척 많은 하늘소가 죽었다고 하오. 그 무시무시한 전쟁 속에서 한울님이 엄청난 능력으로 적들을 물리친 뒤, 하늘소를 위한 왕국을 세웠다고 하는데…. 한울님이 어떤 힘으로 홀로 적을 소탕했는지에 대한 이야기가 부족마다 차이가 있소.

- 정말 전설 같은 얘기네…. 전혀 감이 안 오잖아!
- 홀로 적을 소탕하고 하늘소를 보호하기 위한 왕국까지 세웠다니! 과연 영웅이라 불릴 만 하군.

브르는 지금까지 한울님에 대해 들었던 이야기를 떠올리며 생각을 천천히 정리해 봤어.

- 한울님이 어떤 곤충인지 알 수 없지만….

하늘소를 지키기 위해 적을 무찌르고 왕국을 세웠다면….

호음~!

한울님은 하늘소일 가능성이 커.

- 하지만 하늘소는 우리나라에만 약 300종이나 있다고! 그중 한울님을 어떻게 찾지?
- 휴, 천군만이 한울님의 정체를 알 텐데. 물어볼 수 없다는 게 큰 문제군.

🧑 세 부족장들이 가져온 표식 중 진짜 한울님의 것이 없을 가능성도 있겠어. 왜냐하면 왕국에 사는 하늘소들은 다른 곤충에 대해 전혀 모르고, 모든 생물체가 하늘소일 거라 생각하니까. 상상 속 한울님과 비슷한 다른 곤충을 한울님이라 착각했을 수도 있어.

🐛 크흑, 도대체 어떻게 해야 하는 것이오….

1. 천군만 한울님의 존재를 알고 있다.

2. 왕국의 하늘소들은 다른 곤충들에 대한 정보가 없다.

3. 각 부족이 상상하는 한울님의 모습은 다를 것이다.

한참을 고민하던 브르가 천천히 입을 열었어.

🧑 더듬아, 하늘소 왕국을 항상 걱정하던 천군이라면 분명 단서를 남기지 않았을까?

🐛 사실…, 탐정님들께 보여 줄 것이 있소. 우리 부족의 마을로 모시겠소. 따라오시오.

　브르와 고나는 더듬이의 안내에 따라 긴수염하늘소 부족의 마을로 향했어.

　더듬이가 이끄는 대로 걷다 보니 커다란 저택이 나타났어.

🐛 🐶 우아! 멋지다!

🐛 이곳은 할아버지께서 지내셨던 저택이오.

　브르와 고나는 떨리는 마음으로 저택에 들어갔어.

저택 내부는 왕국을 위해 부지런히 일하던 천군의 손때 묻은 물건들이 가지런히 정리되어 있었어.

- 할아버지께서 평소 지내던 모습 그대로 *보존했소.
- 방 안이 어두운데, 왜 창문을 커튼으로 가려 둔 거야?
- 이유는 모르겠지만 할아버지께서 낮에는 절대 커튼을 걷지 말라 당부하셨기 때문이오.

쿵쿵! 고나가 창문으로 가더니 냄새를 맡았어.

- 어디선가 시큼한 냄새가 나는 것 같아!
- 이 방에서 항상 나는 냄새요. 나는 그 시큼한 냄새로 할아버지를 기억하오.

*보존하다: 잘 보호하고 간수하여 남기다.

🤠 그건 그렇고 우리에게 보여 준다는 게 뭐야?

🦉 잠시만 기다리시오.

더듬이는 방 안 구석에서 커다란 상자를 가져왔어.

👧 멋진 나무가 그려진 상자? 이게 뭐야?

🦉 이것은 어릴 적 할아버지께서 내게 준 선물이오.

더듬이는 상자를 바닥에 조심스럽게 내려 놓은 뒤, 뚜껑을 살며시 열었어.

덜컥!
상자의 뚜껑을 열자 신비한 모습이 펼쳐졌어.

우아아아! 마치 보드게임 같아!
브르와 고나는 입을 크게 벌리고 놀랐지.

🐏 정말 멋있다! 할아버지께서 친구들이랑 보드게임 하라고 준 선물인가? 나도 갖고 싶어!

🐞 흠, 그런데 이 알 수 없는 그림들은 뭘까?

🐏 여기 조각상 같은 게임 말도 있어!

🐜 어릴 적부터 할아버지께 이 선물에 대해 물어보면 항상 미스터리한 말씀을 하셨소.

이 선물의 비밀을 알게 된다면 한울님께 가까이 다가갈 수 있을 것이다.

🐞 이게 왕국을 세운 영웅의 비밀을 찾을 열쇠겠군.

🐜 저도 그렇게 생각하오.

어릴 적에는 그 의미를 몰라 선물을 방치하다가 왕국에 소동이 일어난 뒤, 비밀을 풀려고 했지만….
이 상자를 어찌 사용해야 하는지 도무지 모르겠소.

더듬이는 한숨을 연신 내쉬었어. 상자를 이리저리 살피던 브르도 고민에 빠졌어.

이 상자만 봐서는 한울님에 대한 단서를 못 찾겠는데….
그렇다면 세 부족 중 누가 진짜 한울님께 표식을 받아 온 건지 알 수 없단 말이오?

하지만 브르는 눈을 빛내며 벌떡 일어났어.

브르와 고나, 더듬이는 각 부족의 마을로 가 왕국 밖에서 표식을 받아 온 부족장을 데려오기로 했어.

산각시하늘소 부족이 사는 마을로 가게 된 브르는 부족장 각시를 찾아다녔어. 산각시하늘소가 꽃을 좋아하는 개체라서 그런지 마을 여기저기에 꽃들이 활짝 펴 있었어.

🐾 도대체 어디 있는 거지?

더듬이가 알려 주기로는 각시가 마법사 같은 장신구를 치렁치렁 달고 다닌다고 했지만 화려한 꽃들 사이에서 각시를 찾는 건 쉽지 않았어. 브르는 두리번거리며 부지런히 꽃들 사이를 옮겨 다녔어.

그때 아래쪽에 있던 꽃봉오리들이 하나씩 흔들리더니 희한한 장식을 한 산각시하늘소 한 마리가 모습을 드러냈어.

🐾 짙은 어둠이 몰려오는구나.
🐾 지금 해가 쨍한데?
🐾 네가 해를 가리고 있잖아!
🐾 아, 미안!

브르는 꽃봉오리에서 내려가 산각시하늘소 앞에 섰어.

🧑 네가 각시구나?

🐛 수상한 생김새를 가진 생물이라니…, 불길해.
네게서 불길한 기운이 느껴져!

🧑 무슨 소리야? 난 더듬이를 돕기 위해 이곳에 왔어.

🐛 뭐, 네가 날 찾아올 것쯤은 알고 있었어.
한울님께서 내게 알려 주셨달까?

나는 신통한 능력을 가진 산각시하늘소 부족의 족장, 각시다.

수상한 장신구와 말투 때문일까?
각시는 점술사를 흉내 내는 것처럼 보였어.

🧑 산각시하늘소 부족 마을에 가면
신비로운 기운을 가진 한울님의
모습을 볼 수 있다던데…. 나도
볼 수 있을까?

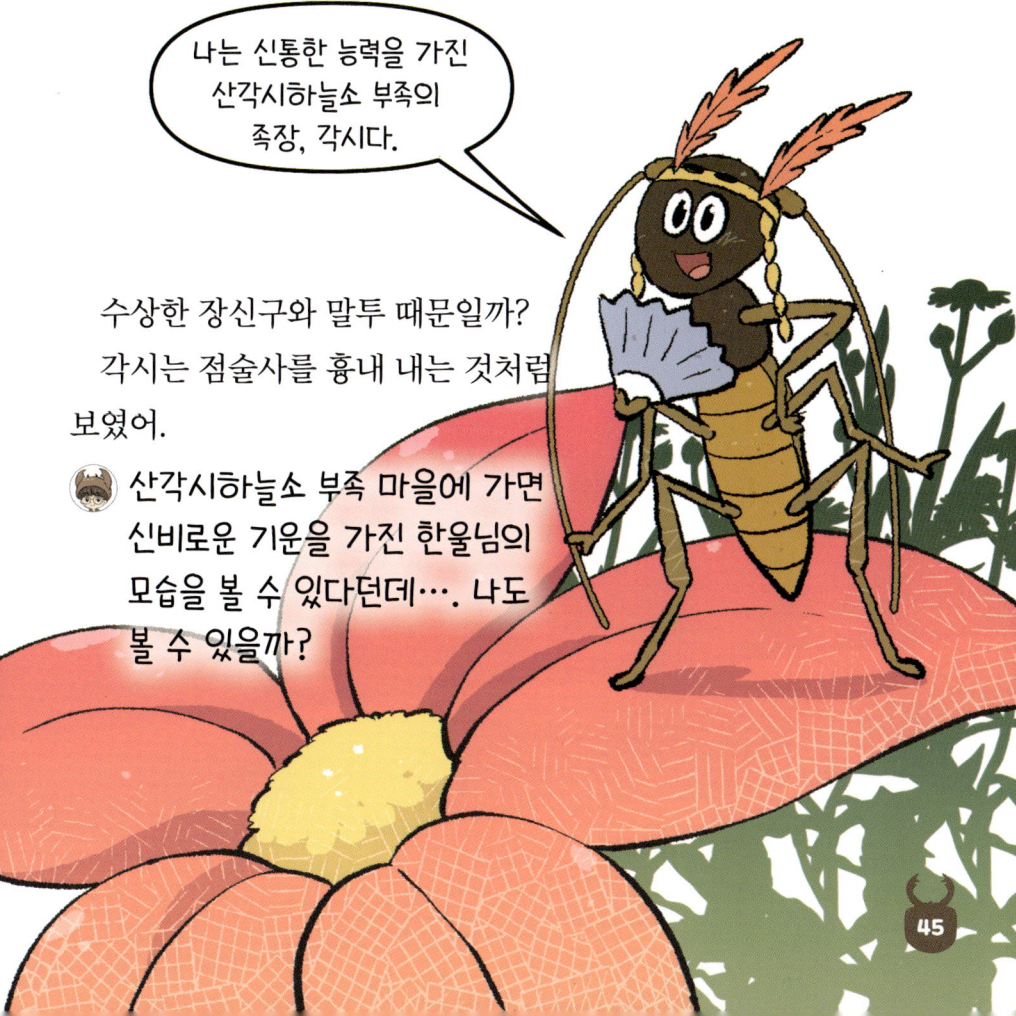

브르의 말이 끝나자마자 각시가 씨익 웃으며 앞다리를 모으더니 간절하게 기도하기 시작했어.

🐛 한울님이시여, 여기 한울님의 신비로운 기운에 이끌려 온 자가 있나이다. 도와주소서!

기도를 마친 각시가 신나는 표정으로 브르를 자신의 아지트로 데려갔어.

그리고 돌돌 말려 있는 나뭇잎을 좌르륵 펼쳐 보였어.

이 분이 한울님이셔.

🐛 빛나는 한울님의 아름다운 모습! 멋지지 않아?

한울님을 떠올리는 각시의 눈동자가 반짝거렸어.

🐛 소문으로 들었겠지만,
내가 얼마 전에 왕국 밖에 나가서
한울님의 표식을 받아 왔어.

각시가 자랑스럽게 한울님의
발 도장을 꺼내 보였어.

🐛 신비로운 기운을 가진 만큼 몸에서 광채가 뿜어져 나왔어. 한울님은 무척 까다로우신 분이지만, 내가 요청하니 금방 발 도장을 찍어 주셨지.

🐛 정말? 멋지다! 더듬이도 한울님을 꼭 만나 보고 싶다고 했는데….

🐛 한울님은 아무나 만나 주지 않는다고. 꿈 깨라고 해!

🐛 하늘소 중 가장 멋지고 신통하다고 소문이 자자한 네가 좀 도와주면 안 될까?

🐛 흠…, 나를 통해서라면 만나 주실 수도 있어.
난 한울님과 아주 가까운 사이니까!

브르가 각시를 칭찬해서일까? 각시는 흔쾌히 승낙했어.

🐛 더듬이라면 예의가 바르니, 한울님께서도 좋아할 거야. 다른 녀석들은 족장이 되어서도 문제가 많지만.

각시의 혼잣말이 신경 쓰였지만 브르는 얼른 각시를 데리고 왕국 입구로 이동했어.

🐑 으아아아! 말벌이야 말벌!

그 시각, 호랑하늘소 부족을 찾아간 고나는 창을 들고 날아오는 말벌 무리에게 쫓기고 있었어.

🐑 으앗! 제발 날 쏘지 마!

정신없이 도망가던 고나가 그만 돌부리에 발이 걸려 우당탕 넘어지고, 데굴데굴 구르다 커다란 나무에 처박히고 말았어.

나무에 머리를 박고 쥐 죽은 듯 누워 있던 고나의 머리 위에서 호통 소리가 들렸어.

🐝 이 녀석! 감히 한울님의 그림에 손을 대다니!

🐑 뭐? 한울님?

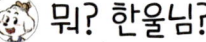

고나가 번쩍 고개를 들어 보니 머리 위 커다란 나무에 어떤 곤충의 그림이 커다랗게 그려져 있었어.

고나의 옆에는 말벌처럼 생긴 곤충이 창을 들고 서 있었어.

- 한울님을 안다면, 너희도 하늘소?
- 그럼 하늘소가 아니면 누구란 말인가! 어서 그림에서 멀리 떨어지거라.

하늘소를 말벌로 착각하고 도망치다 나무에 부딪혔다고 생각하니 고나는 얼굴이 화끈 달아올랐어.

- 그리고 말벌은 한울님이 내게 내린 애칭이거늘!

어찌 나와 한울님만의 비밀 이야기를 네가 아는 것이냐!

그럼 얘네가 호랑하늘소?

말벌이 누군지도 모르다니! 고나는 잠시 의아했지만 왕국의 하늘소들이 다른 곤충을 모른다는 것이 생각났어. 그리고 호랑하늘소 부족은 성격이 무척 거칠다는 것도 기억해 냈지.

- 난 호랑하늘소 부족의 족장, 호랑이를 만나러 왔어!

🐞 내가 바로 호랑하늘소 부족의 족장, 호랑이 님이시다!

　호랑이는 방금까지 자신을 보고 줄행랑친 고나가 당당하게 고개를 들고 자신을 찾는 게 괘씸해 보였어.

🐞 감히 내 이름을 함부로 대다니,
나와 한번 붙어 보자는 것이냐!

　호랑이가 고나를 도발했지만 고나는 호랑이의 도발에 넘어가지 않았어.

🐶 그게 아니고, 더듬이랑 같이 한울님을 만나러 가려고 하는데 너도 한울님의 표식을 받아 왔다길래.

🐞 뭐라? 치사한 더듬이 녀석!
감히 나 몰래 한울님께 눈도장을 찍으려 하는 것인가?
나를 통하지 않고는 절대 안 되지!

더듬이 녀석이 있는 곳으로 안내해라!

우다다다

흐힉!

고나와 호랑이가 왕국 입구에 도착했어. 먼저 도착한 더듬이와 곰보가 입구에서 이야기를 나누고 있었어.

- 글쎄, 한울님은 엄청나게 큰 턱으로 주위의 풀을 가루로 만들고 있었다곰!
- 그런 하늘소가 있다니, 믿기 힘든 이야기오.
- 나도 믿기 어려웠다곰! 그래서 다 같이 가는 거다곰! 천군의 손자가 증인이 된다면 가짜 표식을 가져온 각시나 호랑이도 딴소리 못 할 거다곰!

어림없는 소리 마라! 네 거짓말에 더듬이까지 끌어들이려고 하느냐!

다다다

곰보와 더듬이가 갑자기 나타나서 호통치는 호랑이를 보고 깜짝 놀라고 말았어.

🦉 호랑이, 너는 왜 온 거냐곰?

🦉 더듬이에게 진짜 한울님을 보여 주러 가는 거다. 가짜 표식으로 진짜 행세를 하는 네 녀석은 빠져라!

🦉 지금 말 다 했냐곰?

곰보와 호랑이가 한참 티격태격할 때였어. 뒤에서 누군가의 목소리가 들려왔어.

🦉 어디서 이런 불길한 기운이 나오나 했더니…, 너희였구나?

🦉 으…, 이 녀석들과 같이 간다고 왜 말 안 했냐곰!

🦉 불같은 성격하곤…. 역시 불길한 녀석이야.

🦉 그 불길하다는 소리 좀 그만하라고!

다툼이 심해지자 더듬이가 부족장들을 말리기 시작했어.

- 우리는 예전처럼 돌아갈 수 없는 것이오? 전에는 어려운 일이 있으면 함께 의논하지 않았소?
- 너희 넷 예전에는 친한 사이였구나?
- 친하긴…, 어릴 적부터 부족장이 되기 위해 왕실에서 함께 교육을 받았을 뿐이다.

- 어린 시절부터 같이 교육도 받았으면 친한 거잖아! 지금은 왜 원수처럼 보기만 해도 싸우는 거야?

- 할아버지께서 돌아가시고, 왕국이 혼란에 빠진 뒤였소. 표식을 받기 위해 함께 한울님을 찾으러 가기로 했는데, 각자 생각하는 한울님의 모습이 너무나 달랐던 것이오….

한울님은 강하다곰!

신비로운 기운을 가진 분이셔!

다 틀렸다. 한울님은 전사다.

이, 이보게….

- 한울님은 성스러운 빛을 뿜어내며 도술을 써 먹이 사슬 대전을 승리로 이끄신 분이라고!

- 도술? 웃기지 마라. 전쟁에서 승리한 건 한울님이 뾰족한 뿔로 무장한 갑옷을 입고 용맹히 싸웠기 때문이다.

- 아니다곰! 영웅처럼 거대한 덩치와 강인한 턱 힘으로 초인적인 힘을 발휘했기 때문이다곰.

- 그런데 긴수염하늘소 부족은 왜 한울님에 대해 상상하는 모습이 없어?
- 할아버지의 가르침 덕분이오. 한울님은 우리 마음속 태양과 같은 존재라며, 각 부족들이 한울님의 모습을 상상하는 것을 반대하곤 하셨소.
- 그런 거군.
- 이보게들, 이분들은 탐정일세. 탐정과 함께 표식을 준 한울님을 찾아간다면 진짜 한울님을 가려낼 수 있을 거네.

- 좋아. 동행하는 것을 허락할게.
- 나를 따라라! 지금부터 여행 시작이다!
- 내가 하늘소 왕국을 구하는 영웅이 되겠다곰!

그렇게 브르와 고나는 세 부족들이 만난 한울님의 정체를 알아보러 왕국 밖으로 나섰어.

가장 먼저 각시가 팽나무 숲으로 브르 일행을 안내했어.

- 이렇게나 넓은 숲에서 어떻게 한울님을 찾았냐곰?
- 한울님의 신비로운 기운이 느껴졌달까? 한울님이 우리 부족을 선택해 주신 거지.

그때였어. 브르 일행의 눈앞이 반짝이기 시작했어.

- 앗! 저기 계신다! 모두 한울님께 경배하라!

모두가 두근거리는 마음으로 각시가 가리킨 방향을 쳐다봤어. 그곳에서는 알록달록한 빛이 뿜어져 나왔지.

세상에! 이렇게 아름다운 곤충이 있다니!

엥? 저건 비단벌레잖아?

- 뭐, 뭐시라? 비, 비단…?

각시는 브르의 말에 펄쩍 뛰기 시작했어.

- 비단벌레가 무엇이냐! 감히 한울님을 높여 부르지는 못할망정 별명을 붙이다니!

🦉 저렇게나 빛나는 하늘소는 처음 본다곰!

🐝 생물체는 자고로 강해야 하는 것이다. 쓸모없이 광채만 내뿜는 자를 한울님이라니…, 어리석군.

브르 일행의 웅성임을 들어서일까? 무슨 문제라도 있는지 비단벌레의 표정이 점점 험상궂게 변했어.

> 한울님께 선택받은 각시가 아뢰옵니다!

🐛 비나이다, 비나이다~! 한울님이시여, 영웅에게 비단벌레 라는 별명이나 붙이는 이 자들을 용서하시옵소서.

각시가 두 손을 모아 소란스럽게 기도하자 비단벌레가 천천히 고개를 돌려 브르 일행을 바라보았어.

- 나를 봐 달라고!
- 네? 저는 언제나 한울님만 바라보고 있습니다!
- 내 몸의 광채, 아름답지?
- 무, 물론이죠!
- 내 외모는?
- 말해 뭐 하겠습니까! 완벽하십니다!
- 그런데…, 도대체 왜! 나를 안 봐 주는 건데!

한창 외모를 뽐내던 비단벌레가 나뭇가지 끝을 바라보기 시작했어.

- 외모나 자랑하는 하찮은 녀석을 한울님이라고 생각하다니, 각시를 믿는 게 아니었다.
- 너! 조용히 좀 해 줄래?
  난 며칠째 내 신부에게 공들이고 있다고!

자세히 보니 나뭇가지 끝에 암컷 비단벌레가 앉아 있었어.
하지만 얼굴을 잔뜩 찌푸린 암컷 비단벌레는 수컷들의 구애를 모두 거절하고 있었어.

🐸 내가 이렇게나 멋진데, 나와 신혼 비행을 안 해 주는 이유가 뭘까? 나한테 발바닥 사인을 받아 가는 광팬도 있는데!

발바닥 사인을 받아 가는 광팬이라는 소리에 각시의 얼굴이 하얗게 질리고 말았어.
그때 브르가 끼어들었지.

👧 저기…, 우선 진정하고 암컷 비단벌레를 데리고 나무 위로 올라가 봐. 조용한 곳으로 가면 신혼 비행을 할 수 있을 거야.

🐸 조용한… 곳?

비단벌레는 브르의 말에 잠시 망설였어.
하지만 지푸라기라도 잡는 심정으로 암컷 비단벌레를 향해 날아갔지.
푸드득! 각시가 한울님이라 생각했던 비단벌레가 떠나간 자리에 아름답게 빛나는 비단벌레의 날개 조각이 떨어졌어.

비단벌레가 떠나고 얼마 지나지 않았을 때였어. 비단벌레의 신혼 비행이 무사히 시작되었지.

🐛 나무 위로 올라가면 신혼 비행을 할 수 있다는 사실을 어떻게 알았어?

상심한 각시가 고개를 떨군 채 브르에게 물었어.

🍄 비단벌레들은 예민해서 소란스러운 곳에서는 아무것도 안 하려고 하거든.

🐛 그럼, 한울…, 아니 비단벌레라는 자는 하늘소와 다른 존재라는 거야?

각시는 큰 충격을 받고 말았어. 하지만 그건 호랑이와 곰보도 마찬가지였지.

브르의 곤충 탐구 노트!
생김새가 아름다운 비단벌레는 과거 신라 시대의 장신구로 활용될 정도였어요. 현재 비단벌레는 예민한 성격 탓에 인공적인 환경에서 짝짓기를 하지 않아 번식에 어려움을 겪고 있죠.

브르는 속상해하는 각시에게 천천히 다가가 비단벌레의 날개 조각을 쥐여 줬어.

- 이건 비단벌레의 날개 조각이야. 인간 세계에서는 이 날개를 장식으로 쓰기도 했어.

시무룩해져 있던 각시가 비단벌레의 날개 조각을 받더니 무척 기뻐했어.

- 어머! 이 조각에 비치는 모습이 나야? 엄청 아름답잖아? 역시 난 비단벌레랑 통하는 게 있었어! 바로….

🦉 각시가 가져온 표식은 거짓이라는 게 밝혀졌고…. 이제 내가 만난 진짜 한울님을 만나러 가 보자곰!

🐝 진짜 한울님은 무슨, 네 표식도 가짜겠지.

🦉 그건 만나 봐야 아는 얘기. 얼른 따라와라곰!

곰보가 기세등등하게 날갯짓하며 풀숲으로 날아갔어. 브르와 고나도 하늘소들과 함께 곰보를 따라갔지.

🦉 그분은 위장술이 대단한 전략가다곰! 풀잎 하나하나 잘 살펴봐야 한다곰!

더듬이의 다리에 매달려 날아가던 고나가 풀숲에서 수상한 기척을 느꼈어.

풀잎이랑 비슷한…

풀잎 사이에서 커다랗고 험상궂은 곤충이 튀어나왔어.
깜짝 놀란 더듬이와 고나는 풀숲에 우당탕 떨어지고 말았지.

고나, 괜찮아? 무슨 일이야!

브르와 친구들이 고나와 더듬이에게 달려왔어.

저기 괴물이 있어!

고나가 가리킨 곳을 바라본 곰보가 앞으로 나서더니 표식을 꺼내며 크게 기뻐했어.

🦉 이분이 바로 한울님이다곰! 엄청난 힘으로 우리 왕국을 지키신 분이라곰!

브르는 한숨을 크게 쉬었어. 왜냐하면 곰보가 한울님이라고 생각했던 곤충은 여치베짱이었거든.

여치베짱이는 커다란 턱으로 풀잎의 대를 꺾어 쥐고 와작와작 씹어 가루로 만들었어.

🪖 곰보야, 이 곤충은 여치베짱이인데….
🦉 그게 무슨 말이냐곰? 한울님이 아니라는 거냐곰?

브르의 곤충 탐구 노트!
여치와 베짱이를 섞어 놓은 생김새 때문에 여치베짱이라고 불러요. 커다란 몸이 무거워 날지 못하며, 큰 턱을 가지고 있지만 초식 곤충이지요.

자신을 보고 웅성이는 분위기에 당황한 여치베짱이가 브르 일행을 힐끔거렸어. 그리고 뒷다리를 더 세게 쿵쿵 내딛으며 자신의 위엄을 과시했어.

　게다가 주변의 단단한 풀잎 대를 뚝 끊더니 거대한 턱으로 와구와구 씹어댔지.

　고나는 무섭게 생긴 여치베짱이의 턱을 보며 벌벌 떨었어.

　으, 저 큰 턱에 씹히면 가루가 되겠어.

　고나의 말을 들은 여치베짱이가 몸을 휘청이더니 풀잎에서 떨어지고 말았어.

　바닥에 쓰러진 여치베짱이는 흐느껴 울었어.

곰보가 믿을 수 없다는 표정으로 굳어 버렸어.

🦉 아까 보여 주신 그 늠름한 모습은 뭐였냐곰?

🐛 난 다른 곤충이 무서운데…, 내 얼굴과 강한 턱을 보면 모두 도망가더라고. 초록색 머리띠! 너도 저번에 발 도장을 찍어 주니까 바로 돌아갔잖아.

곰보는 삐질삐질 땀을 흘렸어. 거대한 턱만 보고 한울님이라 확신하고 후딱 발 도장을 받은 게 사실이었거든.

브르 일행은 우는 여치베짱이를 달래고 풀숲을 나왔어.

🦉 세상에 우리가 몰랐던 곤충들이 이렇게 많다니, 믿기지 않아.

🪲 이제 내 표식 하나만 남은 건가?

🦉 우린 실패했지만…, 너라도 진짜 한울님을 만난 거였으면 좋겠다곰.

🦉 우리 하늘소 왕국을 위해서라도 그래야 하오.

하늘소들은 혼란에 빠진 것 같았어.

🪲 그분을 만나려면 땅 위를 샅샅이 뒤져야 한다. 모두 나를 따라오거라.

브르와 고나는 기필코 한울님을 찾아 왕국의 평화를 지키겠단 마음으로 바위 밑과 나무 밑둥 주위를 헤치고 다녔어. 먼지를 뒤집어쓰면서 말이지.

🐑 콜록콜록! 으, 먼지가 너무 많잖아!
🐂 저기 풀잎에 달린 이슬로 목을 축이자.

고나는 풀잎에 달린 이슬을 마시기 위해 바위에 올라갔어.

🐑 끼아악! 이 고약한 냄새는 뭐야!

이슬을 마시던 고나가 수상한 냄새를 맡고 비명을 지르자 호랑이가 더듬이를 바쁘게 움직이며 쫓아왔어.

🐝 이, 이건! 한울님의 향기다!

호랑이는 다급히 냄새가 나는 방향으로 달려갔어.
도착한 곳은 축축한 나무 밑동이었지. 그 속에는 날카로운 턱으로 달팽이를 잡아먹는 누군가가 있었지.

모두 예의를 갖추어라.
저분이 이 표식의 주인,
한울님이시다.

호랑이가 무릎을 꿇고 인사했지만, 브르와 고나의 표정은 점점 어두워졌어. 왜냐하면 호랑이가 표식을 받아 온 곤충도 하늘소가 아니었거든.

🐛 음, 저 친구는 홍단딱정벌레인데?

🐝 홍…, 뭐시라?

호랑이는 믿기지 않았는지 홍단딱정벌레에게 다가갔어.

🐝 한울님이시여, 지난번에 제게 표식을 주지 않으셨습니까!

기억하시는군요! 맞습니다! 그 말벌이 바로 저입니다.

넌 그때 그 말벌!?

화들짝

한울님이 내려 주신 애칭이지요.

호랑이의 말에 홍단딱정벌레는 분통을 터뜨렸어.

🐞 다시 날 찾아오다니. 이럴 줄 알았어. 지난번에는 발 도장을 달라더니 이젠 내 다리라도 뺏으려고?

🐝 네? 그, 그게 무슨….

호랑이는 영문도 모른 채 말을 더듬었지.

🐞 시치미 떼지 마! 먹잇감을 잡고 있는 한, 나도 쉽게 도망가진 않을 테니까!

홍단딱정벌레는 단단히 화가 난 것처럼 보였지.

브르가 싸움을 막기 위해 친구들을 멀리 떨어지게 했어. 그리고 홍단딱정벌레를 진정시켰지.

🗿 오해가 있었던 것 같아. 귀찮게 해서 미안해. 마저 먹도록 해!

갑자기 나타난 브르 일행에 잠시 당황했던 홍단딱정벌레는 브르를 잠시 노려보다가 다시 먹이를 먹기 시작했어.

브르의 곤충 탐정 노트!
육식 곤충인 홍단딱정벌레는 몸집이 4.5cm 정도로 크고 턱의 힘이 무척 강해요. 엉덩이에서 지독한 냄새와 강한 산을 뿜어내기도 하지요.

한울님이라 굳게 믿었던 곤충이 하늘소가 아니라는 걸 알게 된 호랑이가 축 늘어졌어.

- 한울님이 아니었다면, 발 도장은 왜 찍어 준 것이냐!
- 네 모습을 보고 말벌로 착각해 무서워서 발 도장을 찍어 준 거 같은데? 나도 처음에 깜짝 놀랐다고.
- 도대체…, 말벌이 어떤 녀석이냐!
- 강력한 침으로 상대를 마비시켜 사냥하는 곤충이야. 곤충뿐 아니라 사람에게도 위협적이지.
- 그렇다면, 나를 그 무시무시한 곤충으로 착각하고 발 도장을 내 준 거군.
- 자네가 받은 표식도….
- 안다. 저 겁쟁이는 한울님이 아니라는 걸. 내 표식은 가짜겠지. 그리고….

설마! 우는 건가?

- 뭐야, 혹시 곤충 세계 정복이라도 하려는 건가?
- 무슨 소리! 앞으로 하늘소 왕국은 말벌과 닮은 내가 지키겠다는 뜻이다!
- 할아버지께서 지금은 안 계시지만 자네들의 모습을 봤다면 무척 기뻐하셨을 것이오.

더듬이가 세 부족장을 끌어안으며 기뻐했어. 브르도 왕국을 사랑하는 하늘소들의 모습을 보고 가슴이 찡해졌지.

- 그나저나 부족장들이 가져온 표식이 모두 진짜 한울님의 표식이 아니라는 거네?

고나의 말에 하늘소들의 표정이 어두워졌어.

- 표식이 모두 가짜라는 것을 주민들이 알게 되면 혼란이 더 커질 수도 있소.

- 맞아. 부족들의 화합을 약속하는 것과 우리의 자손을 남기는 것은 다른 문제니까.

- 하지만 한울님이 누군지, 어디 있는지 어떻게 찾니?
- 천군의 방에서 그 단서를 찾아봐야지.
  그리고 더듬이에게 남긴 수수께끼도 풀어야 한다고!
- 아직 풀지 못한 할아버지의 선물…!
  어서 왕국으로 돌아가세!

더듬이의 외침과 함께 모두가 하늘로 날아올랐어.
하늘소 왕국의 미래를 위해서 말이야.

신기한 먹이 사슬

먹이 사슬은 생태계 속 생물들 사이에서 서로 먹고 먹히는 관계를 고리처럼 연결한 모습이에요. 먹이 사슬의 시작인 식물은 '생산자', 나머지 생물들은 '소비자'라고 불러요.

먹이 사슬

메뚜기 — 메뚜기는 식물을 먹고 성장해요.

식물 — 식물은 햇빛을 받아 광합성 해요.

개구리 — 개구리는 메뚜기를 잡아먹어요.

뱀 — 뱀은 개구리를 잡아먹어요.

새 — 새는 뱀을 잡아먹어요.

먹이 그물

여러 개의 먹이 사슬이 얽혀 그물처럼 복잡하게 이루어진 모습을 '먹이 그물'이라고 해요. 잡아먹는 생물과 먹히는 생물 사이 한 가지의 관계만 나타내는 먹이 사슬과 다르게 먹이 그물은 생태계의 복잡한 관계를 모두 표현할 수 있어요.

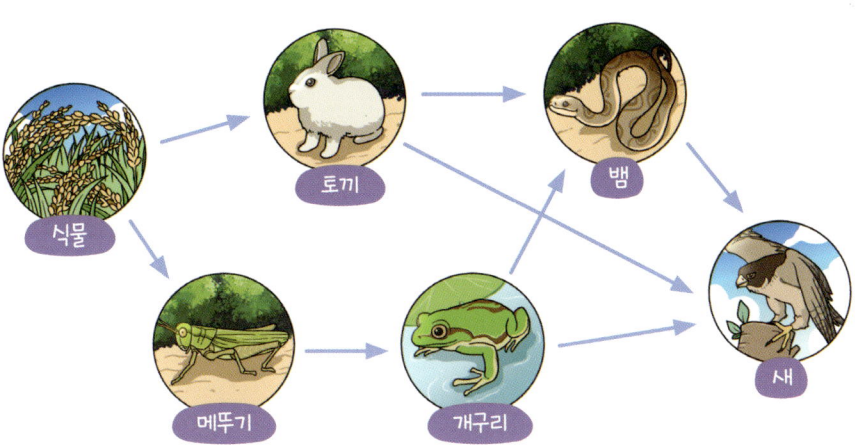

생태계 평형

생태계를 구성하는 생물들의 개체 수가 안정적으로 유지되는 상태를 뜻해요. 생태계 평형이 깨지는 원인으로는 기후 변화, 자연재해, 생태계 교란종, 인간의 생태계 파괴 등이 있어요. 지구 온난화로 곤충의 개체 수가 줄어들면, 곤충을 잡아먹는 특정 생물들의 개체 수가 줄어들며 지구 생태계가 붕괴될 수 있어요. 그렇기에 생태계 평형을 유지하는 것은 정말 중요하지요.

곤충의 다양한 먹이

곤충이 모두 같은 먹이를 먹진 않아요. 식물만 먹는 곤충이 있는가 하면, 어떤 곤충은 다른 곤충들을 잡아먹고 살아 가기도 하지요. 심지어는 똥이나 독이 있는 식물을 먹는 곤충도 있어요.

[사마귀]

사마귀는 날카로운 앞다리와 튼튼한 턱으로 여러 생물을 잡아먹어요. 주로 메뚜기, 귀뚜라미 같은 곤충을 먹지만, 간혹 자신보다 큰 동물까지 사냥해 먹기도 해요.

[모기]

여름마다 찾아오는 불청객, 모기는 우리의 피를 빨아 먹어요. 모든 모기가 흡혈하는 것은 아니고, 암컷 모기만 산란하는 데 필요한 양분을 얻기 위해 피를 먹는답니다. 수컷은 우리의 피 대신 식물의 즙을 빨아 먹으며 살아 가요.

[벼메뚜기]

벼메뚜기는 한국에서 흔하게 볼 수 있는 메뚜기 종이에요. 주로 식물의 잎을 먹고 사는데, 곡물을 키우는 경작지 주변에서는 벼나 작물을 먹어 치우기 때문에 해충으로 여겨져요.

[파리]

파리는 뾰족하게 튀어나온 주둥이로 다양한 먹이를 먹는 잡식성 곤충이에요. 식물의 잎이나 미생물뿐 아니라 작은 육지 생물은 물론이고, 심지어는 흙이나 똥을 먹는 종도 있지요.

[꼬리명주나비]

꼬리명주나비의 애벌레는 독성 식물인 쥐방울덩굴의 잎만 먹어요. 독을 몸에 축적해 천적의 먹이가 되지 않을 수 있고, 다른 생물들과 경쟁하지 않고 먹이 식물을 혼자 먹을 수 있다는 장점 때문이지요.

브르 일행은 하늘이 캄캄해지고 나서야 비로소 하늘소 왕국에 도착했어.

하루 종일 왕국 밖에서 한울님을 찾아다녀서인지 모두들 피로가 몰려왔어.

- 계속 매달려 있었더니 팔이 너무 아파!
- 뭐시라? 널 끌고 여기까지 온 나는 얼마나 힘들었겠니?
- 내내 곰보가 날 태워 주다가 요 앞에서 잠시 바꾼 거면서 생색은….
- 나처럼 아름다운 하늘소가 모셔 준 것에 감사함을 느끼지 못할망정 생새액~?
- 으윽, 너처럼 잘난 척하는 하늘소는 처음이야!

한쪽에서는 고나가 각시와 투닥거렸지만, 다른 하늘소들은 마음이 무거운지 표정이 어두웠어.

- 기쁜 소식을 전하지 못해 주민들에게 미안하다곰.
- 나도다. 실망이 어찌나 클지….
- 너무 낙담하지 말게. 탐정님들과 진짜 한울님을 꼭 찾아내겠네.
- 우리도 힘닿는 데까지 돕겠다곰.
- 나도야~! 이제 왕국을 위해 힘을 합칠 때니까!
- 나도 마찬가지다.

세 부족장들은 다시 기운을 차리고 각자 마을로 돌아갔어.
브르와 고나도 더듬이와 함께 천군의 집으로 향했지.

천군의 집 앞에 도착한 브르는 천천히 입을 열었어.

- 더듬아, 천군은 선물의 비밀을 풀면 한울님에게 가까이 다가갈 수 있다고 했지? 보통 자신이 즐기는 취미를 사용해서 수수께끼로 내는 경우가 많은데…. 천군은 어땠어?

- 할아버지는 평소 숫자 게임을 좋아하셔서 내게도 수학 문제를 자주 내셨소. 하지만 할아버지께서 남긴 선물에서는 어떤 단서도 찾을 수 없었소.

브르와 고나, 더듬이는 천군의 방에 다시 들어섰어.

천군에 대한 그리움 때문일까? 더듬이는 텅 빈방이 쓸쓸하게 느껴졌어. 하지만 진짜 한울님을 찾아야 한다는 일념으로 천군이 남긴 선물을 꺼내 펼쳤어.

여전히 수수께끼 같군….

브르와 고나는 보드게임처럼 생긴 천군의 선물에 그려진 그림을 유심히 살폈어.

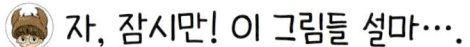 자, 잠시만! 이 그림들 설마….
 왜! 뭐가 이상해?
고나, 이 그림 어디서 본 적 없어?

상자에 그려진 그림을 본 고나의 머릿속에 무언가가 떠올랐어.

"이건 호랑하늘소 부족 마을에 그려진 그림?"

🧒 역시! 산각시하늘소 부족의 나뭇잎에도 이 상자 속 그림과 비슷한 그림이 그려져 있었어.

🐜 그럼, 이 그림들은 왕국의 부족들이 상상하는 한울님의 모습이란 말씀이오?

🧒 내 생각엔 그래.

고나가 조각상 같은 게임 말들을 만지작거렸어.

🐶 이 게임 말도 그림과 비슷한 것 같은데, 한번 올려나 볼까?

고나가 망설임 없이 곰보하늘소 부족의 말을 첫째 칸에 올려놓았어.

그랬더니 상자에서···.

- 무, 무슨 소리지? 난 아무것도 안 했는데!
- 뭔가 틀렸다는 소리 같지 않소?
- 이건 일종의 보드게임 같아. 보통은 주사위의 숫자에 맞춰서 말을 올리지. 땡 소리가 난 것을 보니 아무 칸에나 말을 올리면 안 될 것 같아. 이 말들이 놓일 자리를 찾아야 수수께끼를 풀 수 있는 거 아닐까?
- 일리 있소!

고나는 포기하지 않고 말을 아무 칸에나 올려 봤어. 하지만 첫 번째 시도 이후로 어떠한 반응도 없었지.

- 큼큼, 할아버지께서는 잔머리 쓰는 것을 항상 멀리하라 하셨소. 아무렇게나 놓는다고 풀리지 않을 것이오.

🧒 잔머리라니! 칸이 36개나 있는데 어디에 놓아야 하는지 어떻게 알아! 힌트도 없고….

👦 힌트?

브르의 머릿속에 번뜩하고 여러 기억들이 떠올랐어.

👦 아까 얘기했듯이 이 그림과 말의 모양이 각 부족의 상상 속 한울님의 모습이라면….

🧒 그럼 마을에 힌트가 있다는 거야?

고나의 말에 브르가 말 없이 고개를 끄덕였어.

🦉 나도 마을을 방문하며 부족들의 조각상이나 그림을 종종 살펴보았지만 힌트를 찾을 수 없었소!

천군의 수수께끼를 풀지 못했다는 아쉬움에 더듬이의 눈시울이 점차 빨개졌어.

🍄 속상해하지 마. 한울님이 계신 곳은 아무에게나 알려지면 안 되니까 아주 어려운 암호로 메시지를 남기셨을 거야. 당연히 혼자 풀기 어려웠을 거라고.

고나는 암호라는 말에 왠지 신이 났어. 본격적으로 탐정으로서 능력을 펼칠 기회라고 생각되었지.

🐑 그래서 말인데, 이 그림은 긴수염하늘소 부족을 상징하는 거겠지?

고나가 세 부족이 상상한 한울님의 모습이 아닌 나머지 그림을 손으로 가리켰어.

🐑 이건 태양을 살펴보라는 의미일까?

고나의 말에 브르와 더듬이도 고민에 빠졌어. 왜냐하면 창문과 태양 그림은 정말 알 수 없었거든.

🐃 이 그림 때문에 할아버지 방의 창문을 모조리 살펴보았지만 모두 헛수고였소.

브르는 잠시 창문을 멍하니 바라보았어.

🐛 이 수수께끼는 태양과 관련 있을 것 같으니, 날이 밝았을 때 풀어야 할 것 같아.

🐑 하암, 그러고 보니 잘 시간이 한참 지났네.

고나가 하품을 하며 창밖을 바라보았어.

🐃 다들 고된 하루였을 텐데, 이 방에서 편히 주무시오.

🐛 신경 써 줘서 고마워!

🐑 좋아! 잘자!

태양이 사라진 밤이라 천군의 집 창문이 활짝 열려 있었어. 창에서 시원한 바람이 솔솔 들어오며 창문에 걸린 종이들이 흔들렸어.

크응, 바람에서 시큼한 냄새가… 흠냐.
고나는 순식간에 잠꼬대하며 쿨쿨 잠이 들었어.
브르는 창문 앞에서 평화롭게 펄럭이는 종이들을 바라보다 천천히 잠이 들었어.

고나가 눈을 비비며 느즈막히 일어났어. 어느새 날이 밝아 창문은 굳게 닫혔고, 커튼도 쳐져 있었지.

🧒 잘 잤어?
🐑 뭐야! 벌써 일어난 거야?

고나는 깜짝 놀라고 말았어. 브르와 더듬이가 먼저 일어나서 창문 주위를 유심히 살피고 있었거든.

🐑 너무해! 내가 일어나기도 전에 먼저 암호를 찾다니!
🧒 한시가 급한데 서둘러야지. 창문과 태양이 그려져 있는 만큼 단서는 이곳에 있을 확률이 높아.

고나도 질세라 창문으로 다가가 이리저리 살펴보았어.

🐑 어라? 어제부터 계속 시큼한 냄새가 나더니! 이 종이에서 나는 냄새였네.
🧒 정말이야? 제대로 맡아 봐!

브르가 창문 옆에 걸린 빈 종이를 떼어 고나의 코 가까이에 가져다 댔어.

🐑 분명해! 여기서 과일 식초 냄새가 나는 거 같아.

고나의 말에 브르가 미소를 지었어.

🧒 역시 천군인가? 이렇게 암호를 숨겨 두다니.
🐛 무슨 말이오! 그곳에 암호가 있단 것이오?
🐑 식초, 빈 종이…, 여기서 암호를 찾았다고?
🧒 이 종이에 암호가 적혀 있을 거야. 물론 그냥 볼 수는 없겠지. 태양과 약간의 장치가 필요하거든.

브르가 곧장 닫혀 있는 창문을 열었어. 이윽고 밝고 따사로운 태양 빛이 방 안 가득히 들어왔지.

🪖 자, 이제 이 태양 빛을 한 군데로 모을 도구가 필요해.
🐑 그렇다면, 돋보기?
🪖 맞아.

브르는 고나의 만능 가방에서 돋보기를 꺼내 태양 빛을 한데 모아 빈 종이를 그을리기 시작했어. 그러더니 종이에서 연기가 올라오며 숫자가 보이기 시작했어.

이 광경을 지켜보던 더듬이와 고나의 입이 쩍 벌어졌어.

🐜 어떻게 빈 종이에 글씨가!
🐑 마술이라도 부린 거야?
🪖 천군이 이 종이에 식초로 암호를 써 놓은 거야.
종이에 식초로 글씨를 쓰고 잘 말린 뒤, 햇빛이나 양초로 열을 주면 이렇게 식초 글씨가 그을리며 암호가 드러난다고!

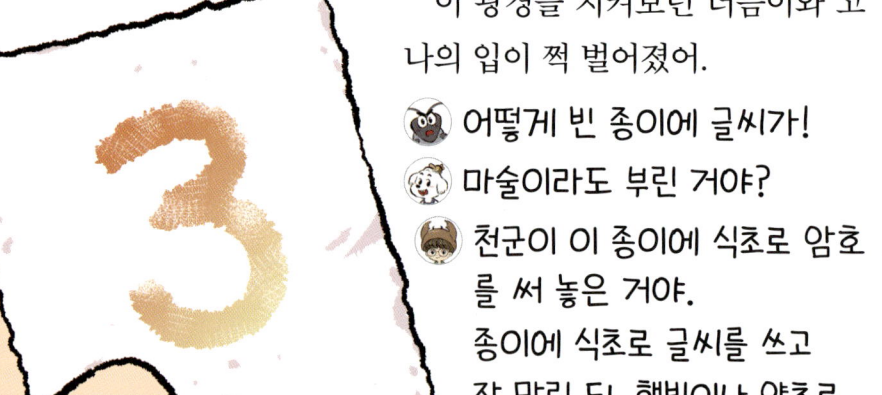

더듬이가 흥분을 감추지 못하고 놀라워했어.

- 이것을 어떻게 알아낸 것이오?
- 낮에 태양 빛이 들어오지 않도록 커튼을 친다는 게 수상했는데, 고나가 계속 시큼한 냄새가 난다고 해서 확신을 갖게 되었지.
- 창문으로 들어오는 태양 빛…?
- 응, 천군은 태양 빛에 암호가 드러날까 봐 낮에는 창문을 커튼으로 가리라고 당부했을 거야.
- 그럼, 숫자 '3'이 의미하는 건…!

브르는 천군이 남긴 보드게임 판으로 달려갔어. 그리고 태양 모양의 말을 긴수염하늘소 부족의 길 세 번째 칸에 올렸더니 딩동 하는 소리와 함께 빛이 뿜어져 나왔어.

- 이제 알았어. 이 말들을 천군이 정해 놓은 칸에 정확히 올려야 수수께끼를 풀 수 있어!
- 어서 다른 부족의 암호도 찾으러 가야겠소!

브르 일행은 곧장 곰보하늘소 부족의 마을로 찾아갔어.

- 아침부터 여긴 웬일이냐곰?
- 할아버지의 수수께끼를 풀기 위해서 왔소.
- 곰보네 조각상에 천군이 남긴 단서가 있을 거야!
- 한울님 조각상을 말하는 거냐곰?
- 혹시 천군이 조각상에 무슨 단서를 남기지는 않았니?
- 그러고 보니 예전에 이 조각상에 사인을 해 주었던 거 같기도 하고….
- 뭐? 그게 어디야!!

곰보는 조각상의 아래쪽 귀퉁이를 가리켰어.
그곳에는 미세하고 작은 점들이 찍혀 있었지.

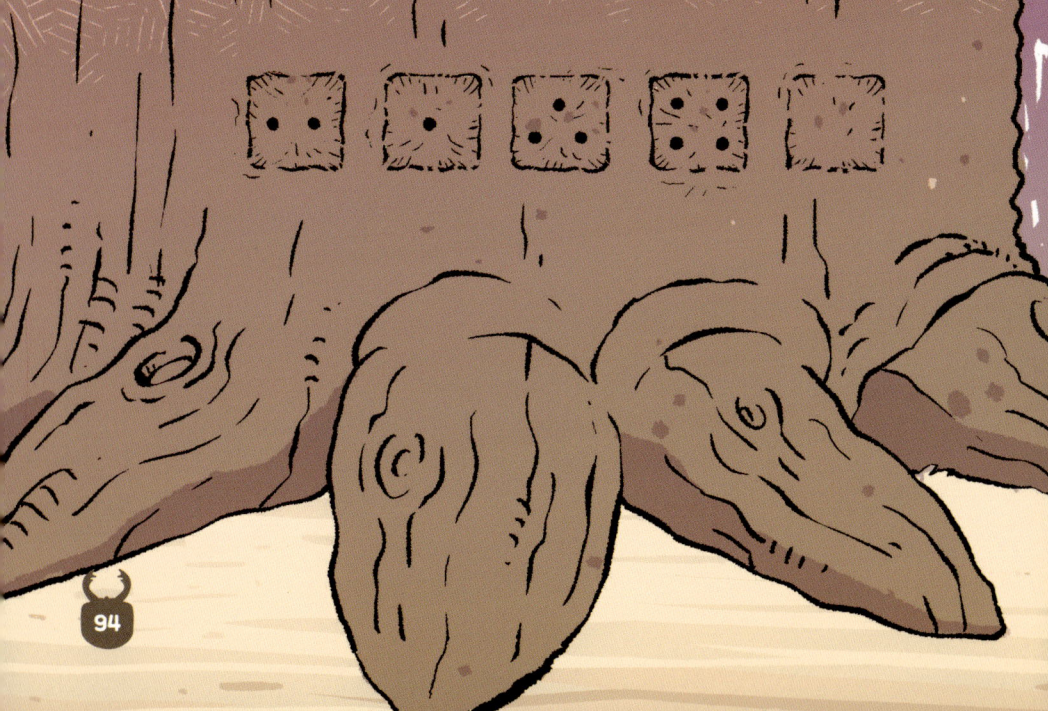

🐑 이게 뭐지? 버튼?

암호라기엔 이해가 안 되는 모양새에 모두 의아한 표정을 지었어.

🦉 우리 부족을 축복하는 사인을 남겨 준 줄 알았다곰. 그런데 이게 한울님을 찾는 열쇠가 되냐곰?

🐑 어라? 이 그림 왠지 주사위 같지 않아?

한참을 고민하던 브르가 눈을 번쩍 떴어.

👦 천군은 숫자 게임을 좋아한다고 했지? 고나 덕분에 답을 알 것 같아! 이 주사위 그림을 숫자로 바꿔서 문제를 푸는 거였어!

저게 숫자를 의미한다면….

그림에 해당하는 숫자는 2, 1, 3, 4가 되지.

대단하오!

함께 풀어 보아요!

2 1 3 4 ?

피보나치수열을 활용해서 이 문제를 풀 수 있어!

딱!

와우! 그렇구나?

브르의 탐정 노트!

피보나치수열은 어떤 수열의 항이 앞의 두 항의 합과 같은 수열을 이르는 말로, 12세기 말 이탈리아 천재 수학자였던 레오나르도 피보나치가 제안한 것이에요.

자세한 풀이는 144쪽에!

- 그럼 정답이 '7'이라는 것을 알 수 있지!
- 야호! 그럼 곰보하늘소 부족의 말은 일곱 번째 칸에 있어야 하는구나! 좋아, 수첩에 적어 뒀어!
- 우리 부족의 조각상에 이런 암호가 적혀 있을 거라곤 전혀 몰랐다곰.
- 탐정님들이 아니었다면 우린 영원히 몰랐을 것이오.
- 자, 이제 다른 부족에는 어떤 암호가 있는지 확인해 보러 가자고!

곰보는 마을에 일이 많아 동행하기 어려웠어.

- 내가 없는 사이 마을 정원의 담벼락이 무너졌다곰. 내가 도와줘야 한다곰.

브르와 고나, 더듬이는 후다닥 달려 산각시하늘소 부족의 마을로 갔어. 각시는 꽃잎 위에서 비단벌레 날개로 장신구를 만들고 있었지.

🪲 우리 부족엔 웬일이야? 수수께끼는 풀었어?

🐜 그것 때문에 온 것이네.

🧑 혹시 한울님의 모습이 그려진 나뭇잎을 볼 수 있을까?

　각시는 얼떨떨한 얼굴로 나뭇잎을 꺼내 주었어.

　나뭇잎의 그림을 천천히 살펴보던 고나가 뒷면에서 수상한 암호를 찾았어.

🧒 얘들아, 이것 봐! 암호를 찾은 것 같아.

　브르가 나뭇잎을 넘겨받고 뒤집어 보았어.
　정말 이상한 암호가 새겨져 있었지.

- 꽤 오래전인데, 천군께서 뭔가를 끄적이더라고. 화살표를 그리는 것 같길래 무슨 방향을 표시하는 줄 알았지.
- 할아버지께서 이런 메시지를 남겼을 줄이야!
- 이게 중요한 거야?
- 수수께끼를 풀 열쇠인 셈이지.

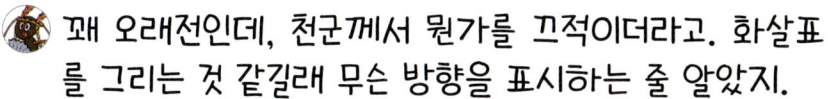

역시 우리 부족이 남다르다고 생각해서 중요한 메시지를 남긴 걸까?

다른 부족한테도 남겼거든?

- 근데 화살표면…, 장소를 나타내는 건가?
- 그러게 말이오. 화살표라니….

하지만 브르는 화살표를 보며 빙그레 웃었어.

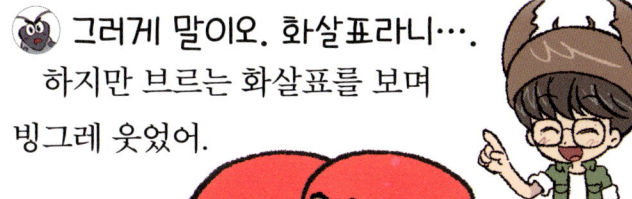

어딨지?

저 화살표도 숫자를 나타내는 거야.

- 맞아. 정답은 숫자 '4'야.
- 각시 부족의 말은 네 번째 칸이겠군! 신난다! 어서 수첩에 적어야지!
- 벌써 두 개의 수수께끼를 풀다니 대단하오.
- 어머, 우리 부족의 나뭇잎에 이런 비밀이 있었다니. 잘 보관했던 보람이 있어!
- 우린 마지막 수수께끼를 풀러 호랑하늘소 부족 마을로 갈 건데 같이 갈래?

아냐, 나는 비단벌레 날개로 장신구를 만들 거야.

각시는 다시 꽃 속으로 들어갔어.
브르 일행은 마지막 수수께끼를 풀기 위해 출발했어.

다 다다다

 하나, 둘! 하나, 둘!

호랑하늘소 부족의 마을에 다가가자 커다란 구령 소리가 들려왔어.

호랑하늘소 병사들이 한울님의 그림이 그려진 커다란 나무 아래에서 훈련하고 있었지.

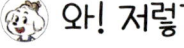

🐞 뒤로 돌앗!

🐶 와! 저렇게 모여 있으니까 말벌 병사처럼 보여!

👦 그러게!

고나와 브르의 대화 소리를 듣고 호랑이가 힘차게 날갯짓하며 다가왔어.

👦 안녕! 아침부터 훈련 중이구나!

🐶 대단한걸?

🐞 용맹한 호랑하늘소 병사들이라면 왕국 밖의 곤충이 쳐들어와도 무찌를 수 있을 것이다.

말벌과 비슷한 생김새에 철저히 훈련받은 호랑하늘소라면 충분히 왕국을 지킬 수 있을 것 같았어.

🦉 그런데…, 천군의 수수께끼를 푼다고 하지 않았나? 여긴 왜 온 거냐.

🦉 그것 때문에 온 것이네. 혹시 한울님 그림 주변에 할아버지께서 남기신 단서가 있는가?

더듬이의 말에 호랑이는 고개를 갸웃하다 입을 열었어.

🦉 흐음, 오래전에 천군께서 한울님의 그림이 그려진 나무 뒤에 낙서를 한 적이 있었다.

"바로 이것이다. 신성한 그림 뒤에 왜 저런 낙서를 하셨는지…."

- 맞아! '15 ÷ 3 = 5'라는 식으로 나무 한 그루가 '5'라는 것을 알 수 있다면, 두 번째 식은 나뭇잎 두 장이 숫자 '4'가 되겠지? 그럼 나뭇잎 한 장은 '2'야.
- 세 번째 식은 내가 풀래! 나뭇잎 한 장이 '2'고, 도토리 두 개를 빼면 '0'이니까…, 도토리는 한 개당 '1'이구나!
- 맞아! 마지막으로 나뭇잎, 나무, 도토리를 더하면?

🐶 정답은 '8'이야! 조금 복잡하지만 알아냈어!

고나는 수첩을 꺼내 마지막 정답을 적었어.

🐛 🐯 역시 탐정님들은…!

더듬이와 호랑이가 감탄을 숨기지 못했어.
덕분에 고나는 어깨가 으쓱했지.

브르와 고나가 환호성을 터뜨리자 호랑이가 피식 하고 웃음을 지었어.

🐯 너희라면 무사히 한울님을 찾겠군. 난 여기서 우리 왕국을 지킬 힘을 기르면서 기쁜 소식을 기다리겠다.

🐛 알겠네. 나는 탐정님들과 함께 한울님을 찾겠네.

브르와 고나, 더듬이는 다시 천군의 집으로 향했어.
어느새 머리 위에서 해가 강하게 내리쬐고 있었지.

🐞 이제 모든 수수께끼를 다 풀었으니, 이 보드게임 판 위에 말을 올려 보자.

🐐 수첩에 적어 놓은 숫자를 하나씩 불러 줄게.

더듬이가 천천히 보드게임 판을 가지고 와서 펼쳤어.

🐐 곰보하늘소 부족은 '7', 산각시하늘소 부족은 '4', 호랑하늘소 부족은 '8'이야. 긴수염하늘소 부족은 '3'이고.

더듬이가 두근거리는 마음을 다잡고 게임 말을 보드게임 판 위에 올렸어. 하나씩 올릴 때마다 딩동 하는 경쾌한 알림음이 들려오고 밝은 빛이 뿜어져 나왔어.

모든 말이 제 위치를 찾자 놀라운 일이 벌어졌어. 가운데 동그라미가 서서히 열리기 시작하더니⋯.

🗨️ 이건 분명 장수하늘소야!

🐾🐜 **장수하늘소?**

브르가 보드게임 판의 비밀을 풀고 기쁨에 휩싸였어. 더듬이는 한울님에 대한 궁금증이 점점 더 커졌어.

🐜 장수하늘소는 워낙 희귀한 종족이라, 아직까지 만난 적이 없었는데…. 한울님의 정체가 놀랍소.

🐾 맞아! 나도 장수하늘소를 본 적 없는데! 한울님 덕분에 처음 보겠어.

🧒 사실 나도 자연에서 실제로 만나 본 적은 없어….

🐾 정말? 너도~?

장수하늘소는 멸종 위기 생물로 자연에서 보기 힘들거든.

와, 그럼 정말 한울님은 전설 같은 존재네!

더듬이는 점점 더 가슴이 두근거렸어.

할아버지의 수수께끼를 풀고, 전설 속의 한울님도 만날 수 있다니…. 정말 기쁘오.

브르도 장수하늘소를 보게 된다는 생각에 무척 떨렸어.

브르의 곤충 탐정 노트!
천연기념물이자 멸종 위기 생물인 장수하늘소는 한반도, 중국, 러시아 등 동아시아 북부에 분포하는 북방계 곤충이에요. 앞가슴등판에 있는 노란 점 무늬가 특징이지요.

🐶 그럼 이 지도를 보고 찾아가면 되는 거야?

🐶 그런데 길을 어떻게 찾지?

고나가 지도를 가리키며 더듬이에게 물었어.

🪲 이곳은 내가 잘 아는 곳이오. 할아버지께서 제사를 지내던 서어나무 숲인데, 가끔씩 나를 데리고 가 주신 덕분에 길이 익숙하오.

🐶 좋았어! 그럼 바로 출발하자!

브르와 고나, 더듬이는 망설임 없이 서어나무 숲을 향해 출발했어. 모두 왕국을 세운 영웅이자 장수하늘소인 한울님을 만난다는 생각에 가슴이 벅차 있었지.

🛡️ 천군이 지금까지 장수하늘소의 표식을 받아 왔었다니, 무척 놀라워.

🐭 장수하늘소를 본다는 생각에 많이 기대되는구나? 내가 이번에 인증샷 제대로 찍어 줄게!

고나가 만능 가방에서 카메라를 꺼내며 만반의 준비를 했어.

시간이 얼마나 지났을까?
시끌벅적 수다를 떨던 브르와 고나는 더듬이의 안내 덕분에 금방 서어나무 숲에 도착할 수 있었는데….

둥

나뭇잎이 다 빠졌잖아!

숲속에 거대한 서어나무 한 그루가 앙상히 마른 채로 자리를 지키고 있었어.

- 저 나무가 제사를 지냈던 곳이오.
- 흠, 잎은 다 떨어졌지만 지도에서 봤던 나무와 모양이 같아….
- 우선 한울님이 어디 있는지 찾아볼까?

브르 일행은 서어나무를 천천히 살피기 시작했어.
더듬이는 날아다니며 나무 주변을 빙글빙글 돌았지.
하지만 장수하늘소의 모습은 쉽게 보이지 않았어.

- 도대체 어디 있는 거야!
- 숨은 건 아니겠지?

그때 더듬이가 무언가를 떠올렸어.

- 예전에 할아버지께서 한울님의 표식을 받아 올 때면 '좁고 긴 통로를 지나다니기에 내가 너무 나이를 먹었구나.'라는 말씀을 하신 적이 있소.

오색딱따구리를 보고 놀란 고나가 나뭇가지에서 미끄러져 떨어지고 말았어.

더듬이가 급히 날아가 고나를 잡으려 했지만, 고나는 어디론가 쏙 사라지고 말았어.

저런, 고나 님이 구멍 속에 빠져 버렸소.
브르도 달려와 구멍 속을 쳐다보려던 찰나였어.
푸드덕!
오색딱따구리 어미가 브르와 더듬이에게 날아오고 있었어.

🐦 네 이놈들! 감히 아무것도 모르는 내 새끼를 놀래켜? 내가 가만 안 두겠다!

미, 미안하오!

푸드득

🧑 이크, 일단 이 구멍 속으로 피하자!

브르와 더듬이는 오색딱따구리 어미를 피해 재빠르게 구멍 속으로 들어갔어.

어미가 부리로 구멍을 계속 쪼아대는 탓에 브르와 더듬이는 구멍 속 깊이 떨어지고 말았지.

으아아아아아악!!!

슈아 아아

얼마나 떨어졌을까?
한참을 미끄러져 내려간 브르와 더듬이는 다행히 나무 톱밥이 쌓인 곳에 떨어졌어.

더듬이가 브르를 부축해 일으켜 세웠지.
🛡 여긴 어디지?
나무 구멍 속은 톱밥으로 가득 차 있었어.
그리고 고나의 물건들이 떨어진 흔적이 보였지.

고나의 물건을 찾으며 길을 가다 보니 다른 공간으로 가는 통로가 보였어.
그 속에서 익숙한 목소리가 들렸지.

- 자, 모자도 챙겨 왔어. 다친 데는 없어?
- 난 괜찮은데…. 저게 뭔지 모르겠어.

고나가 가리키는 곳을 본 브르와 더듬이는 깜짝 놀랐어.

고나가 가리킨 곳에는 죽은 지 오래되어 미라처럼 잠들어 있는 장수하늘소가 있었어.

쿵!

🦉 아니, 이게 어찌 된 일이오!!

　더듬이는 죽은 지 한참 지나 바싹 말라 있는 장수하늘소의 모습을 보고 혼란에 빠졌어.

🐑 설마 우리가 찾던 한울님일까?

🦉 그럴 리 없소! 할아버지께서는 돌아가시기 전까지 항상 한울님의 표식을 받아 왔는데…. 이 모습은 죽은 지 너무 오래되어 보이지 않소이까!

🧒 더듬이 말도 맞지만…, 우리가 나무 주위를 아무리 찾아도 장수하늘소가 보이지 않았어. 게다가 누군가 굳이 죽은 장수하늘소를 위해 이런 장소를 만들었다는 것은 아무래도 수상해.

흐음.

그때 브르가 죽은 장수하늘소를 살피다 수상한 흔적을 발견했어. 몸은 가지런히 정돈되어 있었지만, 발바닥에만 진흙이 묻어 있었어.

🐛 이 진흙은….

돋보기로 자세히 살펴보니 발에 진흙을 묻혀 어딘가에 찍은 흔적이라는 것을 알게 되었어.

🐶 한울님의 표식을 만들 때 사용한 건가?

맞소. 할아버지께서 받아 온 한울님의 표식이 진흙 발 도장이었소.

그렇다면!!

🛡️ 역시 그런 거였군.

 브르는 지금까지의 일들을 떠올리며 그동안 천군인 더듬이의 할아버지가 어떻게 한울님의 표식을 받아 하늘소 왕국을 다스렸는지 짐작할 수 있었어.

 그리고 어렵게 말을 꺼냈지.

🛡️ 하늘소 왕국의 수호신과 같았던 한울님은 이미 오래전에 돌아가셨던 것 같아. 다만, 이 사실을 그대로 알리면 부족 간에 싸움이 날 거라고 생각했겠지.

🐜 맞소. 할아버지의 부재로 한울님의 표식을 못 받자마자 바로 부족 간에 다툼이 일어났으니….

🐱 그래서 천군은 왕국의 평화를 위해 한 가지 방법을 떠올렸을 거야. 그건 왕국의 주민들에게 한울님의 죽음을 알리지 않고 표식을 받아 가는 방법이었겠지. 하지만 이 사실을 누군가에게는 알려야 했기에 보드게임 판에 메시지를 남긴 것 같아.

🐜 할아버지께서 이 커다란 짐을 짊어지고 얼마나 고민이 많으셨을지….

천군을 생각하던 더듬이의 눈시울이 붉어졌어.

더듬이는 천천히 한울님에게 가까이 다가갔어.

엄청난 몸집이 한울님의 위대한 업적을 드러내는 것 같았지만, 생명기 없이 바싹 마른 모습은 쓸쓸해 보이기도 했지.

더듬이는 끝내 눈물을 흘리며 한울님을 어루어 만지려 손을 뻗었어.

손을 댄 순간 한울님의 몸이 바사삭 부서져 내렸어.

그리고 그 아래에 누군가 숨겨 놓은 편지가 있었어.

더듬이는 놀란 마음을 추스르고 편지를 펼쳐 보았어.

🐛 이 필체는 할아버지의 것이오….

편지를 천천히 읽어 보던 더듬이는 브르에게 편지를 건네주었어.

🐑 뭐라고 써져 있어?
　　읽어 줘!!

> 다음 천군과 하늘소 왕국에 전하오.
> 이곳까지 왔다면 이미 한울님께서 세상을 떠났다는 사실을 알게 되었을 것이오.
> 그렇소. 이 늙은이가 잘못된 판단을 한 것이오.
> 당장 발생할 왕국의 혼돈을 막기 위해 한울님께서 세상을 떠난 사실을 숨기고 표식을 찍어 왔소.
> 다음 천군께서는 내가 알리지 못한 한울님과 표식의 진실을 알려 주시오. 내가 미처 하지 못한 일을 당신께 부탁하여 짐을 지게 해 미안할 따름이오.
> 부디 지혜롭게 왕국의 평화를 지켜 주시기를 바라오.
> 지금까지 수호신에게 의지하며 폐쇄적이었던 하늘소 왕국이었지만, 부디 다음 세대부터는 다른 곤충들과의 교류를 통해 새로운 시대를 열어 가길 바랄 뿐이오.

브르가 편지를 다 읽자 좁은 공간에 숙연한 분위기가 감돌았어.

더듬이의 표정도 점점 더 어두워졌지.

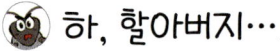 하, 할아버지….

결국 더듬이는 꺼이꺼이 눈물을 쏟아 내고 말았어.

브르와 고나 또한 가슴이 먹먹했어. 왕국을 위해 이렇게나 큰 사실을 숨기고 살았을 천군의 어깨가 얼마나 무거웠을지 감히 상상할 수 없었지.

브르와 고나는 혼란과 슬픔에 빠진 더듬이에게 선뜻 말을 걸 수 없었어. 더듬이는 마음을 가다듬을 시간이 필요해 보였지.

할아버지 어떻게 이 모든 걸 혼자….

브르는 더듬이가 잠시 혼자 있을 수 있게 고나와 함께 자리를 비켜 주었어. 정처 없이 걷다 보니 처음 구멍에 빠졌던 나무 톱밥 더미가 보였어.

🐂 더듬이가 지금 많이 혼란스러울 거야.
🐕 그치, 한울님은 왕국의 수호신이었으니까.
🐂 더듬이가 이 일을 잘 헤쳐 나가야 할 텐데.

　그때였어. 어딘가에서 들리는 수상한 소리에 고나의 귀가 쫑긋거렸어.

🐕 어라?
　이게 무슨 소리지?

　고나는 소리가 들려오는 벽에 귀를 조심스럽게 가져다 댔어.

🐕 이 벽 뒤에서 무슨 소리가 들려!

　고나가 소리가 들리는 벽을 손으로 문지르니 톱밥이 무너지며 커다란 방이 나타났어.

여기서 나는 소리야!

방 안으로 들어간 브르는 깜짝 놀라고 말았어.

저, 저건…, 살아 있는 장수하늘소의 애벌레잖아!
고나, 정말 잘 찾았어!!

자신의 힘으로 장수하늘소의 애벌레를 발견했다는 생각에 고나는 뛸 듯이 기뻤어.

엄청나게 커다란 장수하늘소의 애벌레는 꿈틀거리며 열심히 나무를 갉아 먹고 있었어.

그 모습이 얼마나 건강해 보이는지 금방이라도 나무를 뚫을 기세였지.

와, 굉장해!!

장수하늘소의 애벌레가 건강히 잘 자라는 것을 확인한 브르와 고나는 조용히 방을 빠져나가 톱밥으로 구멍을 꼼꼼히 막아 주었어.

🐂 장수하늘소 애벌레는 나무 속에서 3~5년을 지내기 때문에 이렇게 해 놓으면 무사히 자랄 수 있을 거야.

🐑 어서 더듬이에게 한울님을 이을 장수하늘소가 탄생했다는 것을 알려야겠어!

🐂 이 사실을 더듬이에게 알리는 게 과연 옳은 일일까?

🐑 당연히 알려야지. 미래의 한울님이 자라는 거잖아!

　고나의 말에 한참을 고민하던 브르가 결의에 찬 눈빛으로 입을 열었어.

🐂 천군의 편지를 생각해 봐. 한울님에게만 의지하는 폐쇄적인 문화를 버리고 다른 곤충과 교류하고 발전해 나가는 왕국이 되길 바랐잖아.

🐑 그건 맞아….

🐂 한울님 없이도 천군은 왕국을 잘 다스려 왔어. 한울님이 더 이상 왕국에 필수적인 존재가 아니라는 거야.

　고나는 아쉬운 마음이 들었어. 자신이 장수하늘소 애벌레를 발견했다는 것을 마구 자랑하고 싶었거든.

　하지만 고심 끝에 장수하늘소의 애벌레를 발견했다는 사실을 숨기기로 하고 더듬이에게 돌아갔어.

　더듬이는 천군과 한울님을 위한 애도의 시간을 충분히 보낸 뒤 방 밖으로 나왔어.

방에서 나온 더듬이의 표정은 한결 밝아 보였어.

브르와 고나는 더듬이와 함께 나무 속에서 나와 왕국으로 천천히 걸어갔어. 이제 헤어질 시간이 다가왔지.

- 더듬아, 앞으로 어떻게 할 생각이야?
- 할아버지께서 어려운 결단을 내리셨듯이 저 또한 결단을 내렸소.

한동안은 순서대로 돌아가며 알을 낳으라는 것이 한울님의 뜻이라 전할 것이오. 이미 부족장들이 왕국 밖으로 나가 다른 곤충들을 만나며 왕국에 변화의 바람이 불었소. 이런 작은 변화들이 주민들을 성장시킬 것이라 믿소. 왕국 밖으로 더 좋은 나무를 찾아가기도 하며 한울님에게만 의존했던 왕국의 모습을 바꿀 것이오.

다른 부족장들과 힘을 모은다면 가능할 것이오.

더듬이는 엄청난 계획을 세우고 있었어.

자랑을 하고 싶어 입이 근질거렸던 고나도 더듬이의 말을 듣자 브르와 함께 내린 결정이 옳았다는 것을 느꼈어.

🐑 처음 만났을 때와 많이 달라진 거 같아. 지금은 완전 지도자의 모습이라고!

🐛 과, 과찬이오.

고나의 칭찬에 더듬이의 얼굴이 붉어졌어.

🐑 푸하하, 미래의 천군이 될 하늘소가 칭찬만으로 얼굴이 빨개지다니!

고나의 장난에 브르와 더듬이가 밝게 웃었어.
더듬이는 브르의 손을 꼭 잡았어.

브르와 고나는 정말 오랜만에 다시 인간 세계로 돌아올 수 있었어.

🧒 드디어 집이다!! 얼마만이야!
🐻 그동안 많이 피곤했지? 당분간 푹 쉬자!

반딧불이 마을의 의뢰를 마무리하자마자 더듬이의 의뢰를 받고 하늘소 왕국으로 떠나느라 제대로 쉬지 못한 브르와 고나는 피로가 몰려왔어.

브르와 고나는 맛있는 음식도 맘껏 먹고 못 잤던 잠도 실컷 잤어.

한편 곤충 세계는 아주 평화로웠어. 아름다운 밤하늘 아래서 메뚜기 커플이 자리를 잡고 데이트 중이었지.

- 반짝이는 별이 당신의 눈동자를 닮았소.
- 저 구름은 당신의 넓은 날개를 닮았는걸?
- 어우, 공공장소에서 닭살 돋게 무슨 짓이야~!

그때였어. 어디선가 둔중한 소리가 들리기 시작했어.

- 어! 무슨 소리 안 들려? 쿵쿵거리는 것 같아.
- 후후, 내 심장이 뛰는 소리 아닐까?
- 장난 아니거든? 제대로 들어 봐.
- 어라? 누군가 다가오는 듯한데….

천연기념물 곤충

천연기념물이란 가치가 높은 생물이나 자연물, 지역 등을 보호하기 위해 국가가 지정한 구역이에요. 개체 수가 줄어든 생물만 지정하는 멸종 위기 종과 다르게 천연기념물은 대상의 가치를 기준으로 지정하는 것이 특징이에요.

천연기념물 제218호

[장수하늘소]

장수하늘소는 하늘소뿐만 아니라 곤충들 중에서도 몸집이 무척 큰 편이에요. 몸길이가 약 100mm까지 자라죠. 1968년에 천연기념물로 지정되었고, 멸종 위기 야생 동물 1급으로 보호받고 있어요. 과거에는 강원도, 서울 북한산 등 다양한 곳에서 서식했으나, 지금은 경기도 광릉 숲에서만 발견돼요.

현재 장수하늘소를 보전하기 위해 많은 노력을 하고 있어요. 정부 기관에서는 인공적인 환경과 먹이를 제공하면서 개체 증식을 위해 애쓰고 있어요. 또 장수하늘소의 서식 환경을 보호하기 위해 광릉 지역에서는 오래된 나무를 베지 않는다고 해요. 이런 노력 덕분에 2006년 이후 발견할 수 없었던 장수하늘소는 2014년부터 최근까지 계속 광릉 숲에서 모습을 비춘다고 해요.

천연기념물 제322호

[반딧불이]

반딧불이 중에서 전북 무주군에 서식하는 개체가 천연기념물로 지정되었어요. 스스로 빛을 내는 발광 생물인 반딧불이는 자연환경의 변화에 매우 민감하기 때문에 서식 환경의 파괴와 관리 소홀로 개체 수가 점점 줄어들고 있어요.

천연기념물 제458호

[산굴뚝나비]

제주도 한라산의 추운 날씨에서 서식하는 산굴뚝나비는 기후 변화로 어려움을 겪고 있어요. 주로 활동하는 7~8월 평균 기온이 높아지자 해발 1300m에서 서식하던 산굴뚝나비가 1700m까지 올라가면서 활동 반경이 좁아졌어요. 게다가 산굴뚝나비가 주로 먹던 식물 종이 점점 사라지며 개체 수가 많이 감소했어요.

천연기념물 제496호

[비단벌레]

비단벌레는 전라남도 일부에 주로 서식하고 있어요. 화려하고 아름다운 딱지날개를 노린 곤충 수집가들이 많이 포획하는 바람에 개체 수가 줄어들었어요.

생물의 사냥 방식

강력한 턱, 날카로운 앞다리처럼 생물들은 각자 무기를 가지고 있어요. 그중에는 함정을 이용해서 먹잇감을 사냥하는 똑똑한 생물들도 있지요. 생물들의 신기한 사냥 방식을 알아봐요.

개미귀신

개미귀신은 명주잠자리 유충의 별명이에요. 함정을 만들어 개미를 집요하게 잡아먹는 모습 때문에 개미귀신이라는 별명을 가지게 되었어요.

1

개미귀신은 흙이나 모래 속에 '개미지옥'이라 불리는 깔때기 모양의 함정을 판 뒤, 땅속에 숨어 먹잇감을 기다려요.

2

먹잇감이 개미지옥에 빠지면 흙이나 모래를 뿌려서 미끄러지게 만든 후, 턱으로 물어 체액을 빨아 먹어요.

거미

거미는 절지동물로, 네 쌍의 다리를 가지고 있어요. 몸속의 단백질을 내보내서 가느다란 거미줄을 만들어요.

1

나무나 풀 사이에 거미줄로 거미집을 지어요. 건물 모서리나 지붕 아래에 짓는 경우도 있어요.

2

거미줄에 먹잇감이 걸리면 진동으로 먹잇감이 어디에 걸렸는지 알 수 있어요.

3

먹잇감에게 독소를 주입한 뒤, 체액을 빨아 먹어요. 파리, 모기, 나방 등의 곤충이 거미의 주 먹이예요.

정답

96쪽

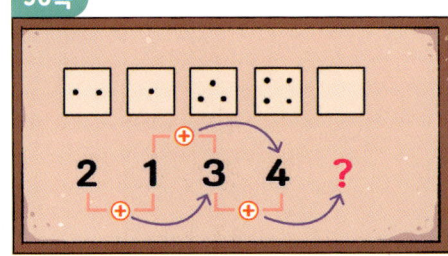

앞의 두 수를 더하면 다음 수가 나오는 퀴즈입니다. 2+1=3, 1+3=4, 3+4=7으로 '7'이 정답입니다.

100쪽

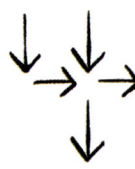

화살표 방향대로 숫자를 그려 보면 숫자 '4'가 나옵니다.

118~119쪽

정답을 맞혔는지 확인해 봐!

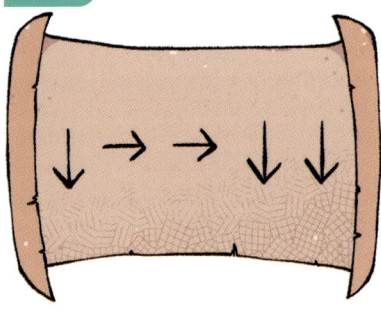

인기 게임 〈무한의 계단〉
발명코믹북 출간!

빵빵 터지는 무한 재미 선물 3!

1 게임 이모티콘 세트 (전독자)

★ 띠지 뒷면의 번호 사용
(사용 방법 168쪽 참고)

2 무한의 계단 게임 이모티콘 스티커 (전독자)

3 인형 뽑기기계 솜사탕기계
추첨 50명!

구입문의: 02-791-0708 서울문화사

유튜브 인기 애니메이션

뚜식이

엉뚱 발랄 **뚜식이 뚜순이** 남매의 웃음 폭탄 이야기!

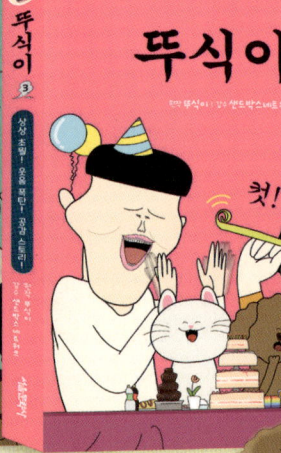

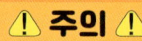
주의

미끄럼주의
책을 읽다가 너무 웃겨서 어깨춤이 절로 나와 **미끄러질 수 있음.**

빠짐주의
책을 읽고 뚜식이, 뚜순이의 매력에 빠지면 **다시는 못 나올 수 있음.**

뚜순주의
공공장소에서 책을 읽으며 큰 소리로 웃다가 **뚜순이에게 혼날 수 있음.**

ⓒ뚜식이 ⓒSANDBOX

구입문의 02-791-0708 (출판마케팅) 서울문화사

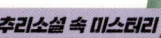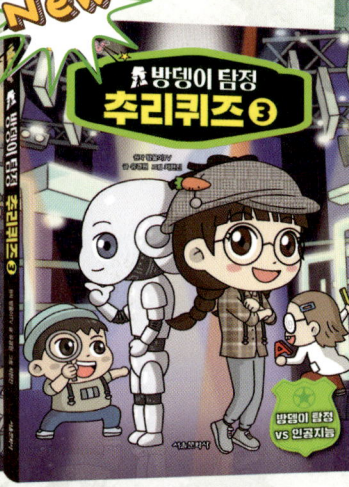